자연과학 계열
의학 계열

약사
한의사

적성과 진로를 짚어 주는
직업 교과서 37

약사&한의사

1판 1쇄 발행 | 2013. 8. 23.
1판 6쇄 발행 | 2018. 10. 19.

와이즈멘토 글 | 문다미 그림

발행처 김영사 | **발행인** 고세규
등록번호 제 406-2003-036호 | **등록일자** 1979. 5. 17.
주소 경기도 파주시 문발로 197(우-10881)
전화 마케팅부 031-955-3139 | 편집부 031-955-3113~20 | **팩스** 031-955-3111

ⓒ 와이즈멘토, 2013

값은 표지에 있습니다.
ISBN 978-89-349-6008-9 74080
ISBN 978-89-349-5971-7 (세트)

좋은 독자가 좋은 책을 만듭니다. 김영사는 독자 여러분의 의견에 항상 귀 기울이고 있습니다.
독자의견전화 031-955-3139 | 전자우편 book@gimmyoung.com
홈페이지 www.gimmyoungjr.com | 어린이들의 책놀이터 cafe.naver.com/gimmyoungjr

---

어린이제품 안전특별법에 의한 표시사항

제품명 도서 제조년월일 2018년 10월 19일 제조사명 김영사 주소 10881 경기도 파주시 문발로 197
전화번호 031-955-3100 제조국명 대한민국 ⚠주의 책 모서리에 찍히거나 책장에 베이지 않게 조심하세요.

적성과 진로를 짚어 주는
직업 교과서 37

자연과학 계열
의학 계열

약사
한의사

와이즈멘토 글 | 문다미 그림

주니어김영사

- 머리말_진로성숙도를 높여라!···10
- 진로 교육의 목표 & 이 책의 구성과 활용법···12

약사

Step 1 약사 이야기···18

Step 2 역사 속 직업 이야기···20

Step 3 약사는 어떤 사람일까?···22
★돌발퀴즈···23

Step 4 약사는 무슨 일을 할까?···24
★돌발퀴즈···27
★PEET란?···28
★막자사발과 막자···29
직업 일기_약사의 하루···30

Step 5 약사의 좋은 점 vs 힘든 점···32
★돌발퀴즈···33

Step 6 약사는 어떤 능력이 필요할까?···34
★돌발퀴즈···35

Step 7 약사가 되기 위한 과정은?···36
★돌발퀴즈···37
직업 사전, 적합도 평가···38

Step 8 교사와 학부모를 위한 가이드
적성&진로 지도···40
직업 체험 활동···42

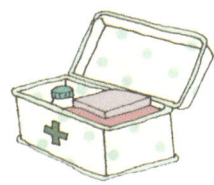

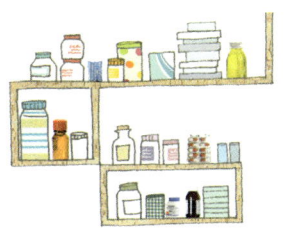

한의사

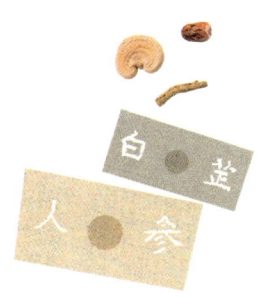

Step 1	한의사 이야기…46
Step 2	역사 속 직업 이야기…48
Step 3	한의사는 어떤 사람일까?…50
	★돌발퀴즈…51
Step 4	한의사는 무슨 일을 할까?…52
	★돌발퀴즈…55
	★한의학과 서양 의학…56
	★한방 치료법의 종류…57
	직업 일기_한의사의 하루…58
Step 5	한의사의 좋은 점 vs 힘든 점…60
	★돌발퀴즈…61
Step 6	한의사는 어떤 능력이 필요할까?…62
	★돌발퀴즈…63
Step 7	한의사가 되기 위한 과정은?…64
	★돌발퀴즈…65
	직업 사전, 적합도 평가…66
Step 8	교사와 학부모를 위한 가이드
	적성&진로 지도…68
	직업 체험 활동…70
	•돌발퀴즈 정답…72

머리말

진로성숙도를 높여라!

　진로 교육에서 가장 중요한 개념 중 하나가 '진로성숙도'입니다. 자신의 적성을 찾고, 그 적성이 잘 드러나는 직업 분야에 도달하는 과정을 설계하기 위해 필요한 요소들을 잘 알고 있는 정도를 '진로성숙도'라고 합니다.

　예를 들어 볼까요?

　초등학생인 A학생에게 꿈을 물어봤더니 '과학자'라고 답을 합니다. 중학생이 된 A학생에게 다시 꿈을 물었더니 이번에도 '과학자'라고 합니다. 고등학교로 진학한 A학생에게 꿈이 뭐냐고 물으니 여전히 '과학자'라고 답을 합니다. 이런 A학생은 일관된 꿈을 가지고 있다고 말은 하지만 사실은 진로성숙도가 높아지지 않는 상태입니다.

　그렇다면 어떤 것이 진로성숙도가 높은 것일까요?

　B학생에게 물어봤습니다. 초등학교 때 '과학자'라고 답을 합니다. 중학교 때는 '과학자가 되고 싶은데 핵물리학자'가 꿈이라고 이야기를 합니다. 고등학교 때는 '핵물리학자가 되어서 미국 NASA와 같은 곳에서 연구를 하고 싶다'라고 말을 합니다. 이렇게 점점 시간이 지날수록 꿈을 구체화하는 능력이 바로 진로성숙도입니다.

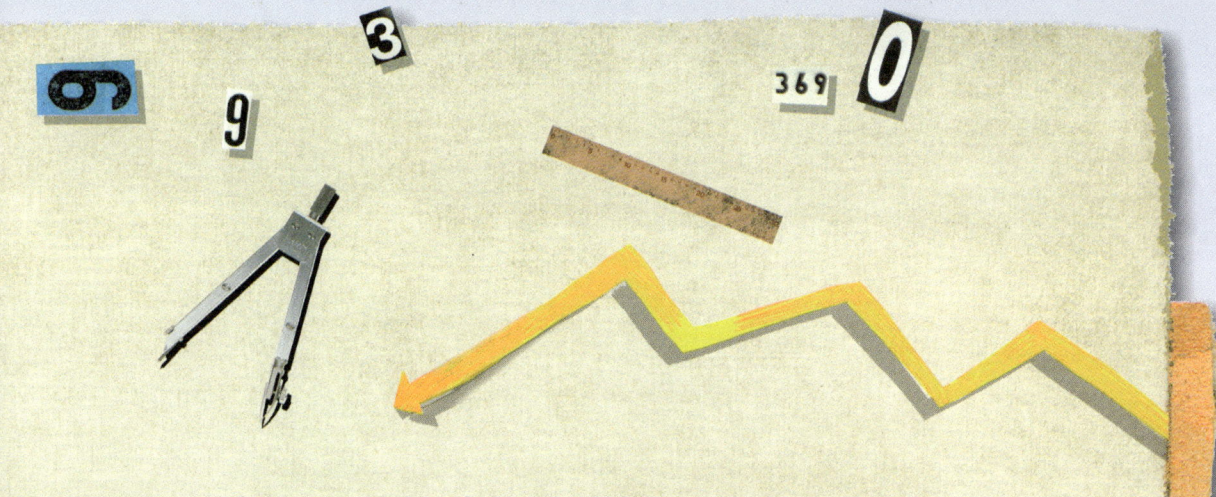

　많은 대학생이 명문 대학을 다니면서도 뭘 해야 될지 모르겠다고 합니다. 이렇게 방황하는 이유는 대부분의 학생들이 학습 능력은 키워 왔지만 진로성숙도는 키워 오지 않았기 때문입니다. 학부모나 교사들이 공부만을 강조했던 것이 아이의 행복에 오히려 독이 된 셈이지요.

　진로성숙도를 높이려면 다양한 직업에 대해서 알아보고, 각 직업에 대하여 나이에 맞게 조금 더 깊이 탐색해 보는 활동이 필요합니다. 그 활동을 가장 적합하게 도와주는 것이 바로 〈적성과 진로를 짚어 주는 직업 교과서〉 시리즈입니다. 이 시리즈가 우리 아이들이 보다 넓고 깊은 지식을 얻어 행복을 설계하는 능력을 갖추는 데 도움이 되기를 바랍니다.

와이즈멘토 대표이사

조진표

진로 교육의 목표 & 이 책의 구성과 활용법

교육 과정에서 진로 교육의 목표는 '긍정적인 자아 개념을 형성하고 진로 탐색과 계획 및 준비를 위한 기초 소양을 기르는 단계'입니다. 즉, 현명한 진로 선택을 위해 자신감을 가지고 다양한 직업을 알아보며 꿈을 키워 가는 시기라는 말이지요. 무한한 가능성이 있는 시기이므로 많은 직업을 탐색하면서 좀 더 구체적으로 '나의 꿈, 나의 목표 직업'이 무엇인지 생각해 보는 것이 중요합니다.

교육부에서는 관심 있는 직업을 열 가지 이상 고르고 다양한 방법으로 정보를 수집해서 하는 일, 되는 방법 등 구체적인 정보가 담긴 직업 사전을 만들어 볼 것을 권장하고 있습니다.

더불어 꿈을 실현하기 위해 도움이 되는 과목이 무엇인지 알아보고, 체계적인 학습 계획을 세우고 공부 습관을 길러 나가는 것도 중요합니다.

초등~중학교에서 성취해야 할 진로 교육의 목표는 다음과 같습니다.

(교육부)

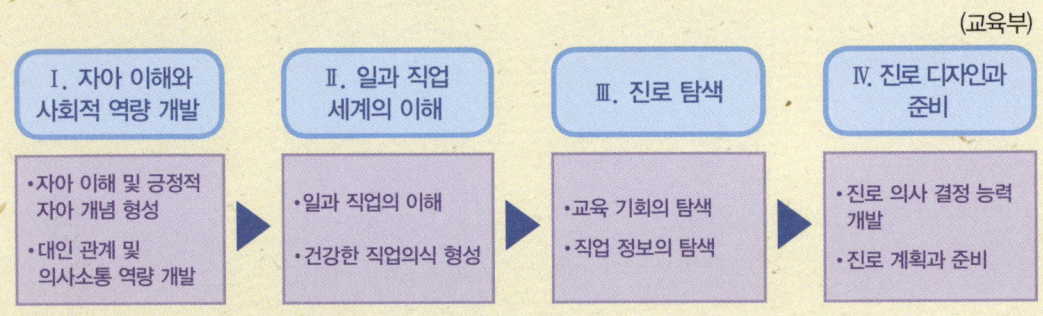

〈적성과 진로를 짚어 주는 직업 교과서〉는 진로 교육 목표에 맞춰, 초등학교와 중학교 과정에서 알아야 할 직업 정보를 직업 소개와 활동을 통해 자기 주도적으로 탐색할 수 있도록 구성했습니다.

❶ 진로 정보 탐색을 위한 본문 구성

Step 1·2 이야기	직업에 대한 호기심을 가질 수 있도록 한다.
Step 3 어떤 사람일까?	직업의 정의에 대해 알 수 있다.
Step 4 무슨 일을 할까?	직업이 갖는 다양한 역할에 대해 알 수 있다.
Step 5 좋은 점 vs 힘든 점	직업의 좋은 점과 힘든 점에 대해 알 수 있다.
Step 6 어떤 능력이 필요할까?	직업을 갖기 위해 필요한 능력들에 대해 알 수 있다.
Step 7 되기 위한 과정은?	중·고등학교, 대학교 과정 등 최종 목표 직업에 도달하기 위한 경로를 알 수 있다.

❷ 진로 디자인과 준비를 위한 본문 구성

Step 7 직업 사전	도서를 통해 탐색한 진로 정보를 바탕으로, 직업 사전을 구성할 수 있다.
Step 7 적합도 평가	직업에 대한 이해를 바탕으로 나에게 적합한 직업인지를 평가해서, 의사 결정을 내릴 수 있다.

❸ 학부모와 교사를 위한 본문 구성

Step 8 교사와 학부모를 위한 가이드 적성&진로 지도	해당 직업을 갖기 위해 도움이 되는 관련 교과목, 교과 외 활동을 소개하여 학습과 활동 설계에 도움을 받을 수 있다.
Step 8 직업 체험 활동	직업 체험 활동에 대한 정보를 얻을 수 있다.

〈적성과 진로를 짚어 주는 직업 교과서〉에는 다양한 활동이 들어 있습니다. 다음과 같이 활용해 보세요.

★직업 사전

아 직업이 나와 잘 맞는지 판단하기 위해서는 먼저 직업에 대해 충분히 이해하는 것이 중요합니다. 열심히 책을 읽고 난 후, 직업 사전의 빈칸을 채워 보면서, 자신이 직업에 대해 잘 이해했는지 점검해 보세요.

★직업 적합도 평가

직업에 대해 이해했다면 그 직업이 자신과 잘 맞는지 아닌지를 판단해야 합니다. 나와 직업이 얼마나 잘 맞는지 점검해 볼 수 있는 적합도 평가가 있습니다. 직업 사전의 항목을 꼼꼼하게 읽어 본 뒤에 자신과 잘 맞는지 아닌지 정도에 따라 별을 색칠해 보세요. 별의 개수로 점수를 매기고, 평가 기준표를 통해 자신과 직업의 적합도를 확인해 보세요.

★Tip

Tip은 본문의 내용을 잘 이해할 수 있도록 도와주는 역할을 합니다. 이해하기 어려운 단어를 쉽게 설명해 주기도 하고, 직업을 이해하는 데 같이 알아 두면 좋은 정보들이 들어 있습니다. Tip의 내용은 공부할 때 도움이 되는 배경지식이므로 그냥 넘어가지 말고, 꼼꼼하게 읽어 보세요.

★돌발퀴즈

책을 그냥 쭉 읽고, 나중에 직업 사전의 빈칸을 채우려면 어렵겠죠? 그래서 본문 중간중간에 중요한 내용들을 확인해 주는 돌발퀴즈가 있습니다. 처음에는 문제만 보고 답을 한번 맞혀 보세요. 잘 모르겠으면 다시 본문으로 돌아가 내용을 차근차근 읽어 보세요. 돌발퀴즈의 정답은 책의 맨 뒷장에 있습니다.

★교사와 학부모를 위한 적성 & 진로 가이드

　교사와 학부모가 진로 지도를 할 때, 꼭 알아 두어야 하는 내용입니다. 아이들이 직업에 관심을 보일 때 어떻게 직업을 이해하도록 해야 하는지, 직업에 대해 아이들이 제대로 이해하고, 준비하기 위해서는 어떤 활동을 해야 하는지가 상세히 설명되어 있습니다.

　더불어 학습 설계의 중점 과목을 통해 앞으로 어떤 과목을 중점적으로 공부해야 할지 확인하고, 학교에서 어떤 활동을 하도록 지도하면 좋은지 확인해 보세요. 아이와 함께하는 직업 체험 활동에서는 주말이나 방학을 이용해 할 수 있는 직업 체험 활동들을 자세히 소개하고 있습니다. 꼭 활용해 보세요.

　자, 지금까지 진로 교육의 목표를 확인하고 책이 어떻게 구성되어 있고 어떻게 활용하는지 살펴보면서 직업 탐색을 위한 준비를 마쳤습니다. 그럼 본격적으로 직업 탐색을 위한 여행을 떠나 볼까요?

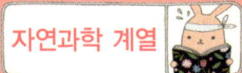
자연과학 계열

약사

Step 1

약사 이야기

몸이 아프면 병원에 가기도 하지만 약국에서 약을 사 먹기도 하지요? 약국에서 우리가 말하는 증상을 듣고 그에 맞는 약을 지어 주는 사람이 바로 약사입니다. 약사는 단순히 포장 판매된 약 또는 의사가 처방한 약을 판매하는 사람이 아니라 약을 만드는 일부터 약의 효능, 부작용까지 약에 관한 모든 전문 지식을 갖추고 우리의 건강을 위해 애쓰는 전문가랍니다.

자, 지금부터 약사가 하는 일에 대해 자세하게 알아볼까요?

우리 주변에서 쉽게 찾아볼 수 있는 약국

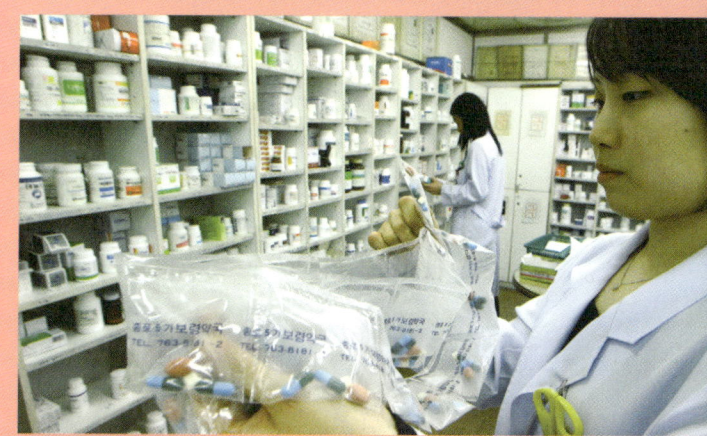

처방전을 검토하고 그에 따라 약을 짓는 약사

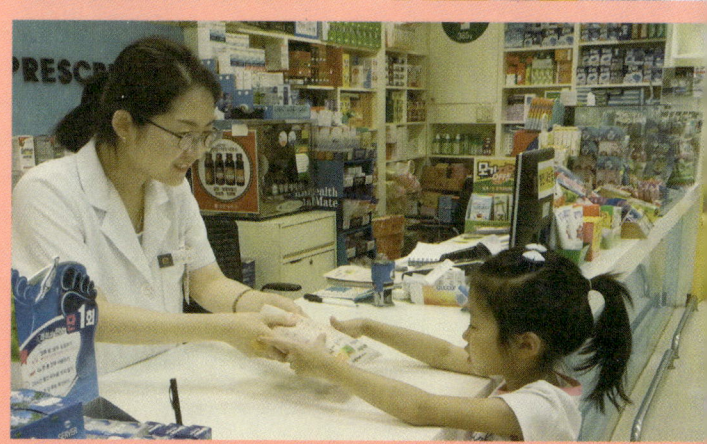

복약 지도를 하는 약사

Step 2 역사 속 직업 이야기

1994년 약사법 개정

근대와 함께 태어난 직업, 약사

조선 말기, 근대 문물이 들어오면서 사람들의 생활은 눈에 띄게 달라졌습니다. 옷, 머리 등의 차림새뿐 아니라 전차, 자동차 등 이전에는 없던 문물이 생활 속에 빠르게 자리 잡았어요. 이때 약사도 처음 등장합니다. 우리나라 최초의 약사는 '유세환'이라는 사람입니다. 당시 우리나라에서는 서양 약학을 배울 수 없었으므로 그는 일본으로 유학을 떠나 도쿄 약학교와 도쿄 제국대학에서 약학을 공부했어요. 1902년 유세환은 긴 유학 생활을 마치고 돌아와 약학을 공부한 최초의 신식 약사가 되었습니다.

이즈음 사람들이 점차 한약뿐 아니라 양약에도 관심을 두자 한약을 다루던 사람들이 양약을 취급하는 강습회를 열었습니다. 양약은 서양 의술로 만든 약을 말해요. 강습회는 지금의 약학 대학 수준이 아니라 3개월 동안 양약에 대한 초보적인 지식을 공부하는 과정이었지만 많은 사람이 관심을 가지고 참여했습니다. 이 일을 계기로 제대로 약학을 가르치는 기관이 만들어졌습니다. 바로 1915년에 세워진 조선약학강습소예요. 몇 년 뒤에는 전문 자격자를 양성하는 조선약학교로 다시 탄생했지요. 이곳의 졸업자에게는 지금의 약사 면허 시험과 같은 약제사 시험에 응시할 자격이 주어졌습니다. 이곳에서 열심히 공부한 사람들이 약제사 시험에 합격해 1920년에 우리나라 최초로 면허를 가진 약제사(지금의 약사)가 탄생했습니다.

지금처럼 약사라는 말을 사용한 것은 1953년 약사법이 공포되고 나서부터입니다. 그 전에는 약제사 또는 조제사라고 불렀지만 법이 만들어진 이후 약사라는 명칭으로 부르게 되었어요. 약사가 하는 일은 무척 다양해서 의료품, 화장품, 의료 용구, 의료 용품 등을 만들거나 분별하는 일뿐 아니라 한약을 제조하는 일까지 담당했습니다. 그런데 1994년에 약사법이 개정되면서 한약에 관련된 업무를 담당하는 약사를 한약사로 세분화했습니다. 약사와 한약사가 각각 양약, 한약의 영역에서 좀 더 전문적인 의료인으로서의 기능을 담당하게 된 것이지요.

이처럼 역사는 그리 길지 않지만 약사는 이제 우리 생활 속에서 없어서는 안 될 아주 중요한 존재가 되었습니다. 몸이 아플 때 급하게 약을 사 먹을 수 있는 약국이 있어서 마음을 놓을 수 있으니까요. 자, 지금부터 약사가 하는 일에 대해 좀 더 자세하게 알아볼까요?

약사는 어떤 사람일까?

약을 짓는 전문가

약사는 환자가 가지고 온 의사의 처방전을 검토해서 약을 지어 주고 그 약을 어떻게 먹어야 하는지 알려 주는 전문가입니다. 먼저 병원에서 진료를 받은 환자가 처방전을 갖고 오면 그 처방전이 올바르게 작성되었는지 검토합니다. 약은 환자의 나이, 몸무게 등에 따라 용량이 정해지는데 처방전에 적힌 용량이 환자에게 너무 적거나 많은 것은 아닌지, 혹시 다른 환자의 처방전과 바뀐 것은 아닌지 확인해요. 만약 문제가 있다면 곧바로 의사에게 문의하는 것도 약사의 역할입니다.

약사는 처방전에 적힌 약의 복용 방법이 올바른지도 확인해야 합니다. 약의 복용 방법은 증상만큼이나 무척 다양합니다. 일반적으로 하루 세 번 식사하고 나서 약을 먹지만 증상에 따라 저녁에만 약을 먹거나 일주일에 한 번만 먹기도 하며, 물약과 함께 먹기도 합니다. 약사는 이러한 약의 복용 방법이 처방전에 맞게 적혀 있는지 꼼꼼하게 확인합니다.

또한 처방된 약의 성분이 중복되는지도 확인해야 합니다. 만약 환자가 여러 병원에서 약을 처방받았다면 그 약들을 서로 비교해서 성분이 같은 약은 없는

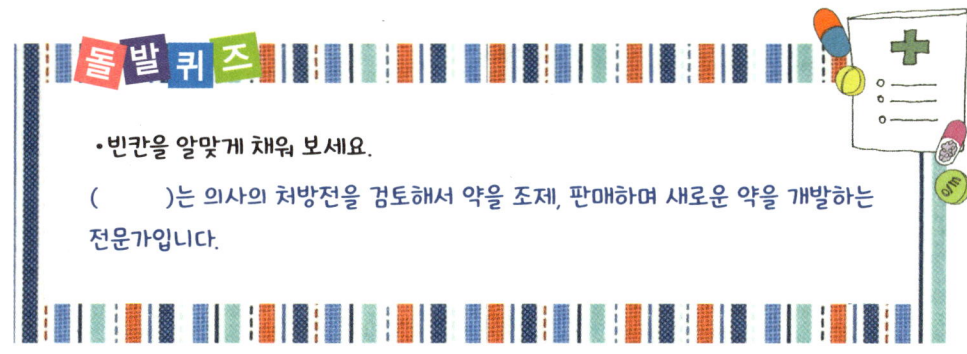

• 빈칸을 알맞게 채워 보세요.
( )는 의사의 처방전을 검토해서 약을 조제, 판매하며 새로운 약을 개발하는 전문가입니다.

지, 함께 먹으면 안 되는 약은 없는지 확인해야 합니다. 이런 모든 사항을 검토한 뒤 약을 지어서 환자에게 줄 때는 약의 종류와 양뿐 아니라 복용 방법, 보관법, 부작용까지 이해하기 쉽게 알려 주어야 합니다.

새로운 약을 개발하는 발명가

약사는 각각의 약 성분이 지닌 특성을 파악해서 환자에게 도움이 되는 새로운 약을 개발하기도 합니다. 1차적으로 만들어진 약을 임상 시험을 통해 효과 및 효능을 확인하고 부작용을 개선해서 더 좋은 약을 만들어 내지요. 임상 시험은 새로 개발한 약의 효과가 어떤지 동물이나 사람을 대상으로 평가하는 시험입니다. 그 밖에도 새로운 약에 대해 논문을 작성하고, 판매 전문가에게 자신이 개발한 약을 설명하는 일 또한 약사가 담당하고 있습니다.

Step 4

약사는 무슨 일을 할까?

약은 전문적인 지식을 갖추고 팔아야 하는 상품입니다. 약을 잘못 먹거나 너무 많이 먹으면 위험하기 때문에 약사는 혹시 진열된 약 중에 불량 제품은 없는지, 처방전에 약이 올바르게 처방되었는지 등을 확인해야 해요. 또 환자가 약을 알맞은 방법으로 먹도록 지도해야 하므로 약사는 약에 대한 전문적인 지식을 꼭 갖추어야 합니다. 자, 그럼 약사가 어떤 일을 하는지 자세히 살펴볼까요?

의약품을 관리해요

약을 짓거나 판매하려면 그 전에 꼼꼼하게 준비해야 할 것이 있습니다. 바로 약이 얼마나 남아 있는지 수량을 파악하고, 구입해야 할 약들을 확인해 제약 회사나 약 도매상에 주문하는 일이에요. 필요한 양보다 더 많이 주문하면 약을 오래 쌓아 두게 되므로 적당한 양만 주문해야 합니다. 약은 음식처럼 빨리 상하지는 않지만 유통 기한이 있으므로 오래 쌓아 두면 안 돼요. 주문한 약품이 들어올 때도  주문한 것이 맞는지, 뒤바뀌어 포장된 약은 없는지, 불량 제품은 없는지 잘 살펴야 합니다. 약사는 사람들의 건강을 책임져야 하므로 의약품의 상태가 환자의 건강과 연결된다는 의식을 갖고 의약품을 철저하게 관리해야 해요.

처방전을 검토해 약을 조제해요

약사가 하는 일 중 가장 대표적인 업무는 환자의 증상에 적합한 약을 조제해서 판매하는 것입니다. 조제란 환자의 증상에 맞게 두 가지 이상의 약품을 섞거나 한 가지 약품을 일정한 분량으로 나누어 약을 짓는 것을 말합니다. 환자가 병원에서 진료를 받고 의사의 처방전을 가지고 오면 약사는 먼저 처방전을 검토한 뒤에 약을 조제합니다. 혹시 환자가 실수로 다른 사람의 처방전을 가지고 오지는 않았는지, 처방전에 오류가 없는지 검토하고 약을 조제해야 해요. 처방전 없이 구매가 가능한 일반 의약품은 약국에서 바로 판매하기도 하는데, 환자가 증상을 말하면 약사는 그에 맞는 일반 의약품을 골라 줍니다.

복약 지도를 해요

약국에서 받은 약봉지를 보면 저녁과 낮에 먹는 약의 개수가 다르거나 어떤 약은 밥 먹기 전에, 또 어떤 약을 밥을 먹고 나서 복용하라고 써 있을 거예요. 이처럼 아픈 곳에 따라 처방되는 약의 종류가 다르고 먹는 방법도 다릅니다. 그러므로 어떻게 약을 먹어야 하는지 알려 주는 복약 지도가 무척 중요합니다. 복약 지도는 약의 저장법, 주의 사항, 부작용 등을 설명해 주는 일을 말합니다.

약을 언제 먹어야 하는지 안내해 주는 것도 복약 지도에 포함돼요. 약이 몸에 잘 흡수되게 하려면 복용 시간을 꼭 지켜야 합니다. 대부분의 약은 밥을 먹은 지 30분이 지난 뒤에 먹는데, 이는 섭취한 음식이 위 점막을 보호해 약이 위를 자극하는 현상을 줄여 주기 때문입니다. 하지만 식욕을 늘리거나 구토를 막는 약은 밥 먹기 30분 전에 먹도록 처방하기도 합니다. 약물이 몸속에서 계속 유지되어야 할 때는 몇 시간마다 약을 먹기도 하지요. 이처럼 약사는 약이 효능을 잘 발휘하도록 복용 방법에 대해 자세히 알려 주어야 합니다.

약학 분야를 전문적으로 연구해요

약사는 새로운 약을 개발하기도 합니다. 약사 자격을 딴 뒤 제약 회사나 연구소에서 새로운 약이나 치료 방법을 개발해요. 화학, 생물에 대한 전문 지식을 바탕으로 우리 몸에 좋은 작용을 하는 물질을 연구하고, 이를 활용해 의약품이나 치료 방법을 개발합니다.

새로운 약을 개발하기 위해서는 먼저 어떤 화학 물질을 조합했을 때 병을 치료할 수 있을지 연구해야 합니다. 그리고 이 조합의 효과를 실험해 보고 문제점

을 보완하는 과정을 거쳐야 약이 완성되지요. 가장 효과적인 조합이 무엇인지, 약이 질병에 효과가 있는지, 부작용은 없는지 오랜 시간 꼼꼼히 확인해야 하기 때문에 약 하나가 완성되는 데에는 많은 시간과 노력이 필요합니다.

이처럼 약을 연구, 개발하는 일만 전문적으로 하는 사람을 약학 연구원이라고 합니다. 약사가 되려면 약학 대학을 가야 하지만 약학 연구원이 되려면 생명과학과 같은 과학, 의·약학 계열을 공부한 뒤 더욱 전문적인 연구를 위해 대학원에 진학하는 경우가 많습니다.

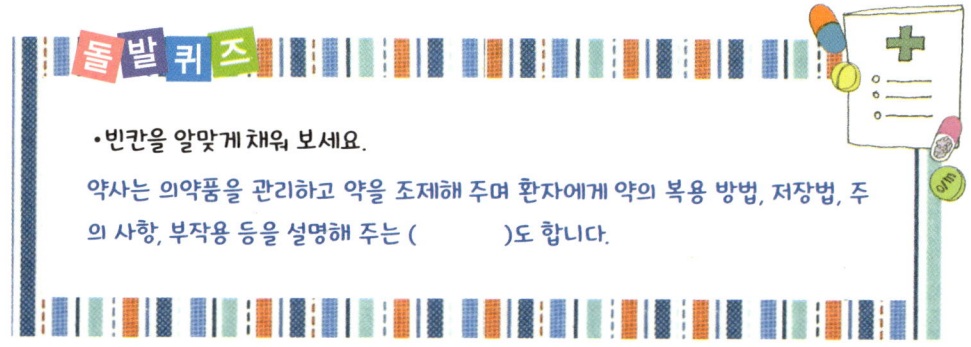

- 빈칸을 알맞게 채워 보세요.

약사는 의약품을 관리하고 약을 조제해 주며 환자에게 약의 복용 방법, 저장법, 주의 사항, 부작용 등을 설명해 주는 (   )도 합니다.

약학 대학의 바뀐 제도에 대해 설명을 듣는 사람들

PEET란?

최근 약학 대학은 교육 제도를 개편했습니다. 2009년부터 기본 4년제에서 6년제로 바뀌었는데요. 이에 따라 2009년부터 약학을 전공하려는 학생은 먼저 다른 대학이나 학과에서 2년 동안 기초 소양 교육을 받아야 합니다. 그러면 '약학 대학 입문 자격시험'을 볼 수 있는 자격이 생겨요. 이 시험을 치르고 대학별로 요구하는 지원 자격을 갖춰야 비로소 약학 대학 본과 1학년에 입학이 가능합니다. 이때 치러야 하는 약학 대학 입문 자격시험이 바로 PEET입니다. PEET는 약학 대학 입문 자격시험의 영어 이름, 즉 Pharmacy Education Eligibility Test의 앞 글자를 따서 만든 명칭입니다.

PEET는 4년제에서 6년제로 바뀐 약학 대학의 제도를 효과적으로 실행하기 위해 만들어진 시험입니다. 또한 약사 또는 약학 연구 인력으로서 적성과 소질을 얼마나 갖추었는지 확인하며, 약학에 입문해도 되는지 판가름하는 자격시험입니다. 시험은 화학, 물리, 생물의 세 영역 네 과목으로 구성되어 있습니다.

"막자사발과 막자"

약사가 약을 지을 때 쓰는 도구로는 무엇이 있을까요?
약은 알약 그대로 먹기도 하지만 곱게 가루 내기도 하는데 이처럼 약을 빻거나 가루를 낼 때 쓰는 사기나 유리 도구를 막자사발과 막자라고 합니다. 작은 절구처럼 생긴 사발을 막자사발, 절굿공이처럼 생긴 방망이를 막자라고 해요. 이 막자사발과 막자는 약사와 약국을 상징하는 기구로 널리 알려졌지요.
시대에 따라 막자사발과 막자의 모습은 변화해 왔습니다. 최초의 막자사발은 삼국 시대에 흙으로 만들어졌습니다. 신석기 시대에 쓰던 작은 절구도 막자사발이 아니었을까 추측하지만 이는 확실하지 않습니다.
조선 시대에는 독이 든 약재를 가는 막자사발이 따로 있었습니다. 큰 죄를 지은 죄인에게는 사약을 먹였으므로 이때 독이 든 약재를 다루는 막자사발이 필요했어요. 이 막자사발에는 색을 입히거나 글자를 새겨서 다른 것과 구별했습니다. 이후로는 약재를 잘 갈 수 있도록 좀 더 홈이 뾰족한 막자사발을 만들어 썼고, 오늘날에는 한 사람분의 약을 만들 수 있도록 작고 오목한 막자사발을 사용한답니다.

막자사발과 막자

직업 일기
약사의 하루

　나는 매일 아침마다 오늘도 몸이 아픈 사람들의 건강을 되찾아 주겠다고 다짐하며 약국의 문을 연다. 오늘도 병원이 진료를 시작하기 전에 약국의 문을 열고서 약이 얼마나 남아 있는지 파악한 뒤에 사람들의 병을 고치는 데 필요한 약들을 주문하며 하루를 시작했다.
　9시가 지나면 환자들이 한두 명씩 약국에 오기 시작한다. 병원에서 처방전을 받아 온 환자들은 처방전을 나에게 주며 얼른 병이 낫도록 약을 달라는 표정을 짓는다. 나는 처방전을 확인하고 환자에게 맞는 약을 지어 주며 약을 몇 시간 간격으로 먹어야 하는지, 어떤 약을 먼저 먹어야 하는지, 물약은 얼마나 먹어야 하는지 등에 대해 설명해 준다. 또한 약을 먹은 뒤 나타날 수 있는 부작용으로 무엇이 있는지, 부작용 상태에 따라 어떻게 행동해야 하는지 등도 친절하게 설명해 준다. 이처럼 약을 짓는 일 외에도 환자에게 약을 먹는 방법이나 주의 사항을 설명하는 것 역시 나의 중요한 업무이다. 환자의 증상을 생각하며 온 마음과 정성을 다해 그 환자에게 도움이 될

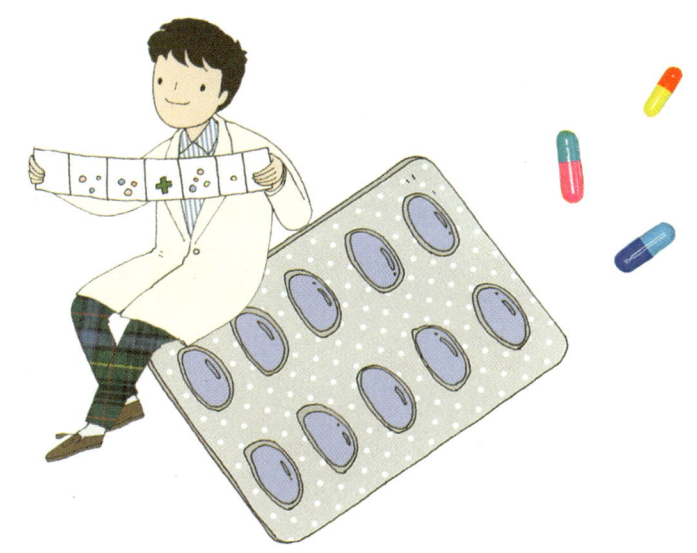

이야기를 해 준다. 그렇게 이야기를 해 준 뒤에 병이 깨끗하게 나은 환자의 모습을 볼 때면 이루 말할 수 없는 뿌듯함을 느낀다.

  얼마 전 나에게 약사로서 뿌듯한 일이 하나 더 있었다. 나는 약국을 운영하는 것뿐 아니라 오래전부터 제약 회사와 함께 새로운 약을 개발하고 있었다. 오랫동안 연구했던 약이 이번에 출시되면서 그에 대한 논문을 한 편 썼는데 그 논문이 바로 우리나라에서 가장 유명한 약학회 학술지에 실린 것이다. 약학계에서 유명한 연구원들과 약학 관련 종사자들이 내가 개발한 신약을 기대하고 있다는 평을 해서 정말 기분이 좋고 뿌듯했다.

  나는 환자와 직접 만나서 그 사람의 병이 깨끗이 낫도록 도와주고, 지금보다 더 나은 약을 개발하는 나의 이 직업을 무척 사랑한다.

Step 5

약사의
좋은 점 vs 힘든 점

좋은 점 : 정년이 없는 평생 직업이며, 보람을 느낄 수 있어요!

약사는 면허가 있어야만 직업 활동을 할 수 있는 전문직입니다. 사회적 지위가 높은 편이며 그에 따른 수입도 적지 않지요. 무엇보다 다른 직업과 달리 정년이 없는 평생 직업이며 연구소, 제약 회사, 약국 등으로의 이직도 쉽습니다. 의료 분야의 일부를 담당하면서 국민 건강에 이바지한다는 보람도 느낄 수 있습니다.

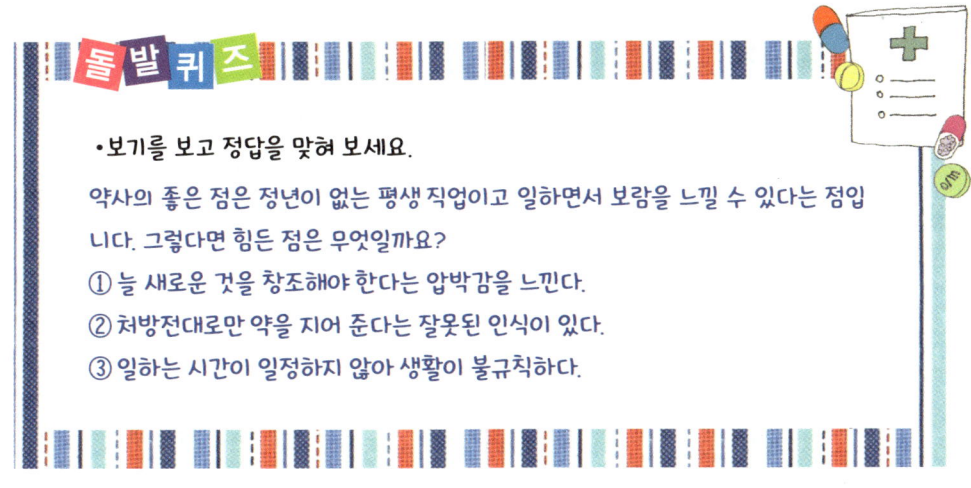

- 보기를 보고 정답을 맞혀 보세요.

약사의 좋은 점은 정년이 없는 평생 직업이고 일하면서 보람을 느낄 수 있다는 점입니다. 그렇다면 힘든 점은 무엇일까요?
① 늘 새로운 것을 창조해야 한다는 압박감을 느낀다.
② 처방전대로만 약을 지어 준다는 잘못된 인식이 있다.
③ 일하는 시간이 일정하지 않아 생활이 불규칙하다.

힘든 점 : 처방전대로만 약을 지어 준다는 잘못된 인식이 있어요!

의약 분업 이후 약사는 처방전대로만 약을 지어 주는 사람이라는 잘못된 인식이 생겼습니다. 이전과는 달리 주로 병원에서 발급한 처방전에 따라 약을 짓기 때문에 생긴 편견이에요. 하지만 약사는 처방전대로만 약을 짓는 게 아니라 처방전을 세심하게 검토해 약의 성분을 분석, 비교한 뒤 약을 짓습니다. 또 비교적 쾌적한 환경에서 일하지만 온종일 서서 일해야 한다는 어려움도 있습니다.

Step 6

약사는 어떤 능력이 필요할까?

외국어 능력

약학과 관련된 전공 서적은 대부분 영어로 되어 있습니다. 따라서 전공 서적을 읽고 공부하려면 외국어 능력은 기본으로 갖추어야 합니다. 또한 약사가 되어 외국계 제약 회사에서 일하는 경우도 많으므로 수준급의 외국어 능력은 꼭 갖추어야 합니다.

논리·분석력

약은 한 가지 성분이 아니라 여러 가지 성분을 조합해서 만듭니다. 따라서 각각의 효과를 분석할 줄 알아야 하며 약을 먹었을 때 어떤 효과를 일으킬지 논리적으로 헤아릴 수 있어야 합니다. 이를 위해 논리·분석력이 바탕이 되는 수학, 과학 과목을 열심히 공부할 필요가 있습니다.

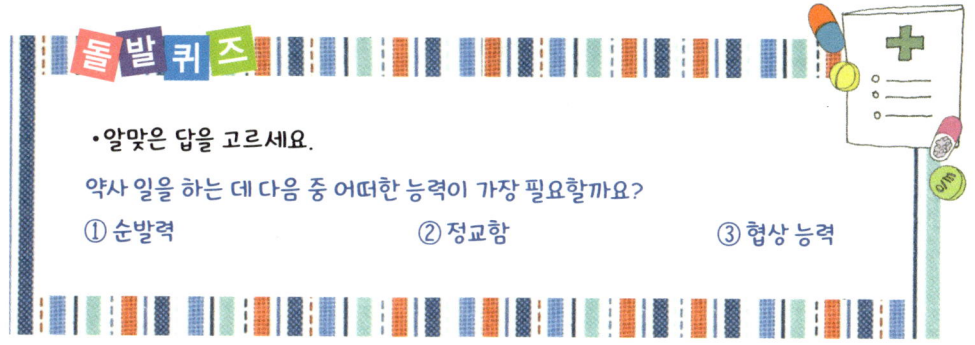

- 알맞은 답을 고르세요.

약사 일을 하는 데 다음 중 어떠한 능력이 가장 필요할까요?
① 순발력　　　　② 정교함　　　　③ 협상 능력

정교함

　약을 개발하기 위해서는 정교함이 필수입니다. 신약을 개발할 때처럼 여러 차례 실험해야 하는 경우 화학 물질이 아주 조금이라도 잘못 섞이면 위험할 수 있습니다. 또한 약을 조제할 때는 환자에게 정확한 정량을 제공해야 하므로 약을 섬세하게 다루는 정교함이 필요합니다.

서비스 능력

　약사는 환자에게 약을 조제해 판매하는 것뿐 아니라 질병 치료와 건강 유지에 관해 상담도 해 줘야 합니다. 그 밖에 약을 먹는 방법에 대해서도 친절히 알려 주어야 하므로 서비스 능력이 필요합니다.

Step 7

약사가 되기 위한 과정은?

중·고등학교

과학을 열심히 공부하면 좋습니다. 고등학교는 과학 고등학교에 진학하거나 일반 고등학교에 진학해 이과를 선택하는 것이 좋습니다.

대학교

약사가 되기 위해서는 약학 대학에 입학해야 합니다. 약학 대학에 입학하려면 일단 일반 대학에서 2년을 교육받고 PEET를 치러야 합니다. 이 시험에서 점수를 취득해야 약학 대학에 입학할 수 있습니다. 약학 대학에 입학하면 4년 동안 약사가 되기 위한 전문 교육을 받습니다.

졸업 후

1년에 한 번 실시하는 약사 면허 시험에 합격해야 약사가 될 수 있습니다. 약사 면허를 취득하면 약국을 개업할 수 있고 병원에서 약사로 근무할 수 있습니다. 또는 제약 회사나 연구소에서 제품을 개발할 수도 있습니다.

관련 자격증

약사 면허증

돌발퀴즈

- 알맞은 답을 고르세요.

약사가 되기 위해서 특히 어느 과목을 열심히 공부하면 좋을까요?

① 국어　　　　　② 영어　　　　　③ 과학

직업 사전, 적합도 평가

약사라는 직업이 나와 얼마나 어울릴까?

❖ ( ) 안에 돌발퀴즈의 답을 적어 넣으면 직업 사전이 완성됩니다.

약사	직업 사전	직업 적합도		
		항목	평가	점수
정의	( )는 의사가 처방한 처방전을 검토해서 약을 조제·판매하며 새로운 약을 개발하는 전문가를 말합니다.	약사라는 직업 자체에 얼마나 흥미가 있나요?	☆☆☆☆☆	/ 5
하는 일	약사는 의약품을 관리하고 약을 조제해 주며, 환자에게 약의 복용 방법, 저장법, 주의 사항, 부작용 등을 설명해 주는 ( )도 합니다.	약사가 하는 일에 얼마나 흥미가 있나요?	☆☆☆☆☆	/ 5
장단점	약사는 정년이 없는 ( )이며 국민 건강에 이바지한다는 보람을 느낀다는 장점이 있습니다. 하지만 의약 분업 이후 의사가 발급한 처방전대로만 약을 지어 준다는 잘못된 인식이 있습니다.	장점과 단점을 모두 고려할 때 약사라는 직업에 얼마나 관심이 있나요?	☆☆☆☆☆	/ 5
필요 능력	약사는 외국어 능력, 논리·분석력, ( ), 서비스 능력 등이 필요합니다.	약사가 되기 위해 필요한 능력을 얼마나 갖추고 있나요?	☆☆☆☆☆	/ 5
되는 방법	( ) 과목을 열심히 공부하면 좋습니다. 일반 대학에서 2년 동안 교육을 받아야만 약학 대학에 들어갈 수 있으며, 졸업한 후 약사 면허 시험을 봐야 합니다.	약사가 되기 위한 공부를 하는 데 얼마나 관심이 있나요?	☆☆☆☆☆	/ 5

약사 적합도(총점) :   / 25

직업 적합도 평가 방법

❶ 직업 사전의 항목을 꼼꼼히 읽어 보세요.

❷ 직업 적합도 항목을 읽고 해당하는 만큼 별표를 색칠해 주세요.

 0개 : 전혀 없음 1개 : 거의 없음 2개 : 조금 있음

 3개 : 보통 4개 : 많음 5개 : 아주 많음

❸ 별 1개당 1점으로 계산하여 점수를 적어 넣으세요.

❹ 평가 기준(총점)

총점	적합도	목표 직업으로 삼을 경우 고려할 점
21~25	매우 높음	직업 적합도가 매우 높습니다. 이 직업을 목표로 삼고 필요한 능력을 꾸준히 개발하도록 합니다.
16~20	높음	직업 적합도가 높습니다. 적합도 점수가 낮은 부분을 중심으로 보완하도록 합니다.
11~15	보통	직업 적합도가 보통입니다. 꾸준히 관심을 가지고 이 직업에 대해 알아보도록 합니다.
0~10	낮음	직업 적합도가 낮습니다. 해당 직업과 함께 다른 직업의 정보도 함께 알아보도록 합니다.

Step 8

교사와 학부모를 위한 가이드
적성 & 진로 지도

이렇게 지도하세요

약사는 의사가 준 처방전을 검토해서 약을 조제 및 판매하는 전문가입니다. 약을 관리하거나 새로운 약을 개발하는 업무도 하지요. 이처럼 증상에 맞게 약을 조제하거나 의약 제품을 다루려면 기본적으로 약에 대한 전문적인 지식을 충분히 갖춰야 합니다. 따라서 약사는 과학을 좋아하는 자녀에게 적합한 직업입니다. 과학 중에서도 특히 화학과 생명과학에 관심을 두면 좋습니다.

약사는 영어로 된 원서를 직접 읽고 공부해야 하기 때문에 외국어 활용도가 높습니다. 또한 최근에는 업무 대부분이 전산화되었기 때문에 컴퓨터 활용 능력도 갖춰야 합니다. 자녀가 외국어와 컴퓨터에 익숙해지도록 지도해 주세요. 그 밖에 약사는 일반적으로 쾌적한 환경에서 일하지만 업무 시간 내내 서 있어야 하므로 체력 역시 중요합니다. 자녀와 함께 운동하며 체력을 기르면 약사의 꿈을 키우는 데 도움이 될 것입니다.

학습 설계(중점 과목)	
구분 I	구분 II
국어, 영어, **수학**	사회, **과학**, 예체능

활동 설계(관련 활동)	
동 아 리	화학·생물 연구반, 봉사 동아리
독 서	《약 사용설명서》《알고 먹으면 약 모르고 먹으면 독》《생명과 약의 연결고리》《식후 30분에 읽으세요》
기 타	의료 봉사 활동, 장애인 돕기

꼭 알아 두세요

같은 약사더라도 하는 일에 따라 일하는 환경이 다릅니다. 약국을 운영하는 약사는 주로 환자와 얼굴을 맞대고 일하기 때문에 대인 능력이 좋은 자녀에게 적합합니다. 약의 성분을 연구하거나 신약을 개발하는 약사는 대인 능력보다 논리·분석력이 더 필요합니다. 자녀가 갖춘 능력이 무엇인지 확인하고 나아갈 방향에 대해 함께 의논해 주세요.

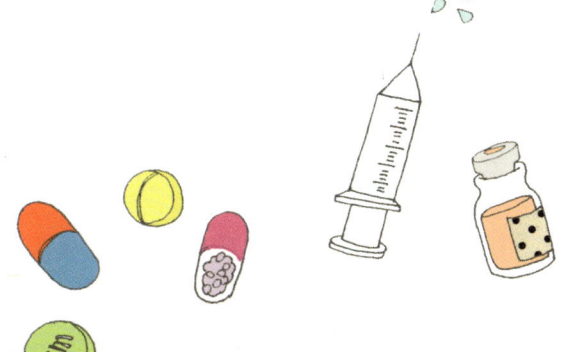

교사와 학부모를 위한 가이드
직업 체험 활동

약 살펴보기
약을 지으면 보통 한 봉지 안에 여러 알약이 들어 있습니다. 이때 각각의 약이 어떤 성분으로 이루어졌으며 무슨 효과가 있는지 약사에게 물어보세요. 아침, 점심, 저녁에 먹는 약이 따로따로 구분되어 있을 때는 점심 약에 졸음이 오는 성분을 빼 주기도 하는데 왜 그 약을 먹으면 졸음이 오는지 등을 알아 두면 훗날 약사가 되는 데 도움이 될 것입니다.

인체 박물관 방문하기
책을 통해 여러 가지 정보를 얻는 것도 좋지만 직접 눈으로 보고 체험하는 것만큼 좋은 경험은 없습니다. 인체와 관련된 박물관, 전시회를 자녀와 함께 방문해 보세요. 우리 몸의 소중함에 대해서 배울 수 있을 것입니다.

제약 회사 견학하기

약을 조제해서 파는 사람은 약사이지만 그 약을 만드는 곳은 제약 회사입니다. 제약 회사는 전국 혹은 전 세계 어디서나 약을 쉽게 구할 수 있도록 대량으로 생산해서 판매합니다. 국내의 여러 제약 회사에서 약 제조 과정을 견학하는 프로그램을 진행하고 있으니 가까운 제약 회사를 견학해 보세요. 제약 회사를 견학하고 나면 약과 한결 더 가까워질 것입니다.

추천 사이트

대한약사회   http://www.kpanet.or.kr
약학정보원   http://www.health.kr
의약품관리종합정보센터   http://www.kpis.or.kr
의약품정책연구소   http://www.e-kippa.org

의학 계열

한의사

Step 1 한의사 이야기

병원이 없던 과거에는 몸이 아프면 어떻게 했을까요? 조선 시대 이전에는 의원을 찾아갔습니다. 지금처럼 몸속 소리를 들려주는 청진기나 엑스레이 같은 첨단 기계는 없었지만 의원은 사람들이 아픈 이유를 콕 집어내어 한의학으로 병을 고쳐 주었습니다. 한의학은 중국에서 전해지고 우리나라에서 독자적으로 발달한 전통 의학을 말합니다. 한의학으로 병을 고쳐 주는 의원은 한의사라고 부르지요. 자, 지금부터 한의사에 대해 자세히 알아볼까요?

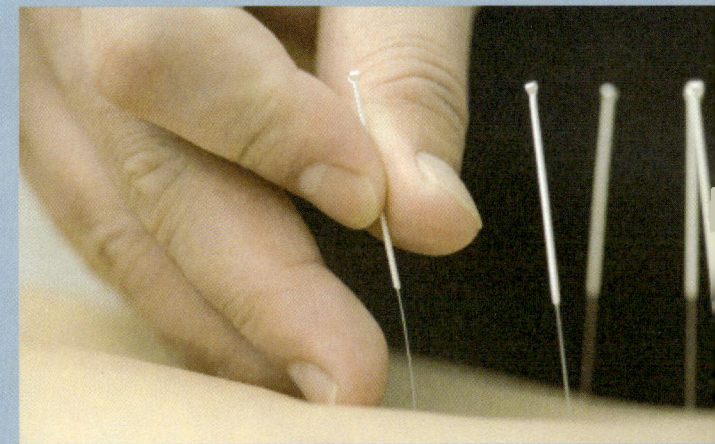

한의학의 치료법 중 하나인 침술

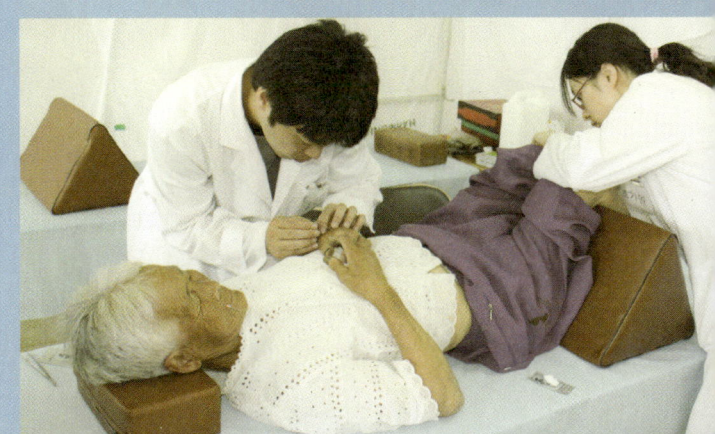

진료를 하고 있는 한의사

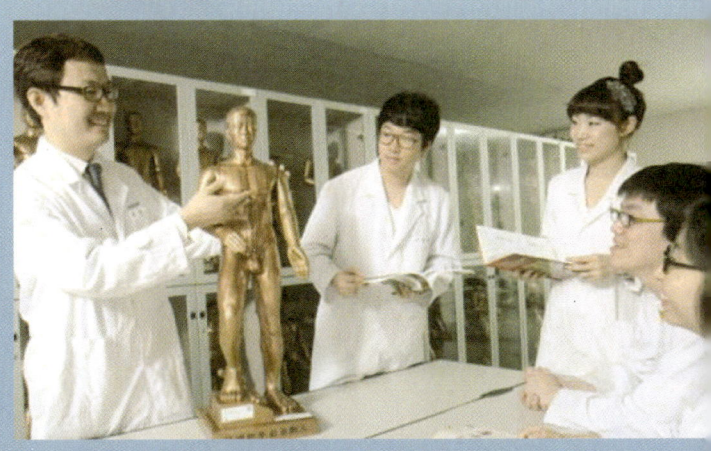

학생들에게 침을 놓거나 뜸을 뜨는 부위를
설명하는 한의학 교수

Step 2

역사 속 직업 이야기

우리나라의 시작과 함께한 한의사

머나먼 옛날, 사람들은 몸이 아프면 하늘에 기도를 했습니다. 하늘에서 벌을 내려 몸이 아프다고 생각했기 때문이에요. 하지만 사람들이 기도만 한 것은 아닙니다. 단군 신화를 떠올려 보세요. 호랑이와 곰이 쑥과 마늘을 먹고 사람이 되었지요? 이는 그 시대 사람들 또한 병을 고치기 위해 쑥과 마늘 등의 약재를 먹었다는 기록으로 볼 수 있습니다. 그래서 우리는 고조선 시대에도 병을 고치기 위해 약재를 쓴 것이 아닐까 추측하고 있어요.

고려 시대에는 최초의 의학 교육 기관인 '의학'에서 한의사를 체계적으로 양성하기 시작했습니다. 또한 한의사를 선발하는 과거 제도를 실시해서 의학을 발전시켰어요. 이전에는 중국에서 배워 온 방법대로 환자를 치료했다면 이때부터는 우리나라만의 치료법을 개발하기 위해 노력했습니다. 우리 땅에서 난 약재라는 뜻의 '향약'이 바로 그 결과물이지요.

조선 시대에는 우리나라 최초의 여성 의원인 의녀, 우리나라 최고의 의원인 허준이 등장합니다. 일본이 우리나라를 침입해 임진왜란이 일어나자 선조는 백성이 전쟁으로 고통받고 있으니 백성을 위한 의서를 만들라고 허준에게 명을 내렸습니다. 그래서 허준은 가능한 많은 사람이 볼 수 있도록 쉬운 단어로 의서를 썼습니다. 교맥이나 대산이라는 말 대신 메밀과 마늘이라고 썼고, 약재도 중국에서 들여오는 비싼 약재 대신 주변에서 쉽게 구할 수 있는 것을 소개했습니다. 그렇게 해서 완성한 책이 바로 《동의보감》입니다.

《동의보감》은 세계 최초로 유네스코 세계 기록 유산으로 지정된 의서입니다. 그 당시 우리나라 한의학에 큰 영향을 끼쳤으며 그 영향은 오늘날에도 이어지고 있지요. 허준은 《동의보감》에서 아픈 뒤에 병을 치료하는 것이 아니라 평소에 아프지 않도록 몸을 보호해야 한다는 '예방 의학'을 주장하기도 했습니다.

조선 시대 이후 근대 문물이 들어오면서 한의학은 침체의 길을 걸었습니다. 일제 강점기에는 한의학을 없애려는 정책이 시행되어 한의사들은 힘든 시기를 견뎌야 했지요. 하지만 해방 이후 한의학을 부흥시키겠다는 한의사들의 노력으로 한의학은 우리 민족의 고유 의학으로서 다시금 사랑받게 되었습니다. 최근에는 현대인이 어려움을 호소하는 스트레스 관리나 많은 사람이 관심을 두는 미용 분야에 한의학을 접목해서 새로운 모습을 보여 주고 있습니다.

Tip

의녀란?
의녀는 조선 시대에 처음으로 등장한 여성 의원을 말합니다. 이전까지는 남성 의원이 대부분이어서 종종 대궐 안의 여성이 남성 의원의 치료를 거부해 병이 심해지곤 했습니다. 이런 상황을 막고자 조선에서는 1406년 처음으로 여성 의원인 의녀를 두었습니다. 의녀는 환자를 돌보거나 아이 낳는 걸 도와주었습니다.

Step 3 한의사는 어떤 사람일까?

한의학으로 병을 고치는 의사

한의사는 한의학으로 사람들의 건강을 지켜 주는 전문가를 말합니다. 한의사는 환자를 어떻게 치료하는지 알아볼까요?

한의사는 환자가 오면 먼저 환자의 얼굴빛부터 살핍니다. 열이 오르면 얼굴이 빨개지는 것처럼 건강에 이상이 생기면 얼굴빛부터 바뀌기 때문입니다. 그다음으로는 배가 아픈지, 머리가 아픈지 등 몸 상태를 물어본 뒤 맥박이 잘 느껴지는 손목에 손가락을 대고 맥박을 확인합니다. 맥박은 심장에서 나오는 피가 혈관의 벽에 닿아 생기는 움직임을 말합니다. 그러므로 맥박이 빨리 뛰는지 느리게 뛰는지, 힘 있게 뛰는지 약하게 뛰는지 등을 살펴보면 심장의 상태를 확인할 수 있어요.

아픈 이유를 확인했으면 그에 알맞은 처방을 내립니다. 원인에 따라서 몸의 중요한 기운이 지나가는 곳에 침을 놓거나 한약 등을 처방해요. 때에 따라서는 뜸을 처방해 따뜻한 기운으로 환자를 치료합니다.

• 빈칸을 알맞게 채워 보세요.
( )는 침술 같은 한방 의료로 사람들의 병을 고쳐 줍니다. 또한 몸의 기운을 북돋아 주는 한약으로 병을 예방해 줍니다.

병에 걸리지 않도록 예방해 주는 보호자

요즘 부쩍 피곤해하시는 아빠나 공부하느라 힘든 학생에게 "보약 한 첩 먹어야겠네."라고 말하는 경우가 있습니다. 몸이 피로하거나 계절이 바뀌는 환절기에는 우리 몸이 약해져서 병에 걸리기 쉬워요. 그러므로 그 전에 몸의 기운을 북돋아 주는 한약을 먹어 병을 예방합니다. 이처럼 한의학에서는 몸이 아프기 전에 예방하는 것을 무척 중요하게 생각합니다. 그래서 우리는 몸이 아프지 않아도 한의원에 찾아가서 질병을 예방해요.

서양 의학에도 한약과 비슷한 역할을 하는 것이 있습니다. 바로 '백신'입니다. 아마 여러분은 겨울이 오기 전 병원에 가서 독감 예방 주사를 맞아 본 적이 있을 거예요. 이 주사가 바로 백신입니다. 백신도 한약처럼 아프기 전에 미리 건강을 지켜 주는 역할을 해요. 하지만 백신은 독감 같은 특정한 병에 대한 면역력만 키워 줍니다. 우리 몸의 약해진 부분을 보호해서 병에 걸리지 않게 해 주는 한약과는 성질이 좀 다르답니다.

Step 4

한의사는 무슨 일을 할까?

한의사를 생각하면 가장 먼저 무엇이 떠오르나요? 아마 많은 사람이 맥박을 재고 침을 놓는 한의사의 모습을 떠올릴 거예요. 그런데 한의사는 침을 놓는 것 외에도 다양한 방법으로 환자를 치료합니다. 몸 상태를 진단하고 증상에 따라 침을 놓거나 뜸을 떠서 환자를 치료하지요. 또 병에 걸리지 않도록 한약을 지어 주어 몸을 튼튼하게 만들어 줍니다. 한의사가 하는 일에 대해 좀 더 자세하게 살펴볼까요?

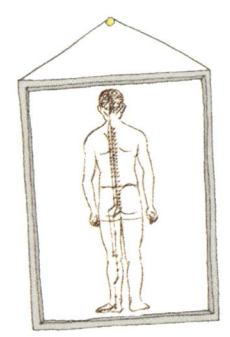

환자의 증상과 원인을 파악해요

환자가 병원에 찾아오면 제일 먼저 어디가 어떻게 아픈지 자세하게 물어봐야 합니다. 배가 아플 때에도 밖에서 콕콕 찌르는 것처럼 아픈지, 배 안에서 장이 꼬이듯이 아픈지 확인해야 해요. 같은 배앓이더라도 증상과 원인에 따라 치료법이 달라지므로 환자가 겪는 증상이 무엇인지, 언제부터 그랬는지 상세히 물어봐야 합니다.

생활에서의 특이점에 대해 물어보기도 합니다. 혹시 입맛이 떨어졌거나 밤에 잠이 오지 않아서 고생하지는 않는지 등을 확인해요. 한의학에서는 환자를 둘러싼 환경의 변화도 질병의 원인으로 생각하기 때문입니다. 한의학에서 말하는 질병의 원인으로는 어떤 것이 있는지 한번 살펴볼까요?

첫 번째는 너무 춥거나 더운 날씨입니다. 기록적인 무더위로 사람들이 사망했다는 뉴스를 본 적이 있지요? 지나치게 춥거나 더운 날씨, 습하거나 건조한 환경은 몸의 균형을 깨뜨려 아프게 할 수 있습니다. 두 번째는 화, 공포 등의 감정이 지나칠 경우입니다. 화를 너무 많이 내면 과하게 흥분해 혈액이 상할 수 있고, 공포 탓에 잔뜩 긴장하면 소화가 어렵고 몸이 굳을 수 있습니다. 마음의 괴로움이 몸의 병으로 나타난다니 신기하지요? 이렇듯 사람이 아픈 데는 눈에 보이는 이유도 있지만 알아채기 어려운 이유도 있습니다. 그러므로 한의사는 환자에게 여러 가지를 물어보고 꼼꼼하게 증상의 원인을 파악해야 합니다.

환자의 몸 상태를 진단해요

한의사가 환자를 진단하는 방법으로는 무엇이 있을까요? 먼저 환자의 얼굴색, 피부 윤기, 혀 등을 눈으로 관찰하는 방법이 있습니다. 우리의 몸은 각 부분이 밀접하게 연결되어 있기 때문에 몸속에서

탈이 나면 몸 밖으로 증상이 드러납니다. 한 가지 예를 들어 볼까요? 환자의 혀를 관찰하는 방법을 한의학에서는 설진(舌診)이라고 합니다. 혀는 주로 심장과 비장의 건강 상태를 보여 주는데요. 만약 두 기관이 건강하지 않으면 혀의 미각 기능이 원활하지 못할 수 있어요.

다음으로는 환자의 몸을 만져서 진찰하는 방법이 있습니다. 진맥이 바로 이 방법에 속합니다. 진맥은 엄지손가락 쪽으로 뻗는 노동맥에 집게손가락, 가운뎃손가락, 넷째 손가락을 올려 맥박의 횟수, 형태, 강약 등을 확인해 아픈 곳을 파악하는 진찰 방법입니다. 노동맥은 손목에서 얕게 위치하므로 피부에 손을 대도 충분히 맥박을 느낄 수 있어요.

▌적절한 치료 방법을 시행해요

한의사는 계절이나 지역, 환자의 나이와 체질, 생활 습관에 따라 치료 방법을 달리하기도 합니다. 감기 치료법을 예로 들어 볼까요? 한의학에서는 감기를 치료하기 위해 땀을 나게 하는 약을 쓰기도 합니다. 그런데 여름에 이 치료법을 쓰는 것은 주의해야 해요. 여름에는 날이 더워서 땀을 많이 흘리는데 이 치료법을 써서 땀을 더 흘리게 된다면 몸에 좋지 않을 수 있기 때문입니다. 그래서 같은 증상이라도 계절에 따라 치료 방법이 달라집니다.

체질에 따라서 치료 방법이 달라지기도 합니다. 몸이 따뜻한 사람에게는 차가운 성질의 약재를 써도 좋지만, 몸이 차가운 사람에게는 차가운 성질의 약재를 주의해서 써야 합니다. 몸이 차가운 사람에게 메밀처럼 몸속 열을 내려 주는 차가운 성질의 약재를 많이 쓰면 병의 상태를 악화시킬 수 있기 때문입니다.

학회에 참여하거나 새로운 치료 방법을 공부해요

한의사가 되고 나서도 꾸준히 공부해야 합니다. 한의사들은 보통 환자가 없는 시간이나 진료가 끝난 뒤의 시간을 활용해 서적이나 논문을 살펴봐요. 혹시 지금 치료 중인 환자가 다른 이유로 아픈 것은 아닌지, 더 적합한 치료 방법은 없는지도 확인합니다.

다른 분야와 마찬가지로 한의학 역시 계속해서 새로운 치료 방법이 등장하고 있습니다. 그러므로 학회 등에 참석해 최근에 어떤 연구가 이루어지는지 확인하고, 실제 환자를 치료하는 데 적용할 수 있을지 공부해야 합니다.

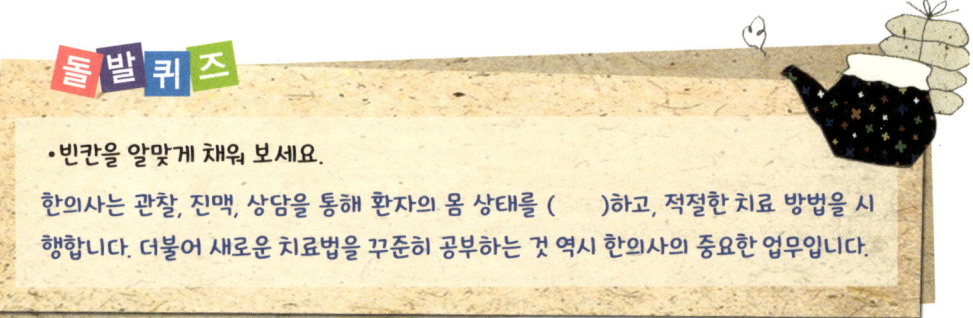

돌발퀴즈

- 빈칸을 알맞게 채워 보세요.

한의사는 관찰, 진맥, 상담을 통해 환자의 몸 상태를 (   )하고, 적절한 치료 방법을 시행합니다. 더불어 새로운 치료법을 꾸준히 공부하는 것 역시 한의사의 중요한 업무입니다.

"한의학과 서양 의학"

우리나라의 의학은 크게 한의학과 서양 의학으로 나뉩니다. 서양 의학은 소아과, 내과, 정형외과 등의 병원에서 이루어지는 치료를 말해요. 의사가 청진기로 몸속의 소리를 듣거나 엑스레이 촬영으로 몸속을 살핀 뒤 주사를 놓고 약을 처방해 주는 것이지요. 반면 한의학에서는 침을 놓거나 뜸을 뜨고, 한약을 지어 줍니다.

한의학과 서양 의학 모두 아픈 사람을 낫게 해 주는 의학이라는 공통점이 있습니다. 하지만 사람이 아픈 원인을 다른 시각에서 바라보기 때문에 치료 과정이 다릅니다. 서양 의학은 몸 밖에 있는 나쁜 바이러스나 병균이 몸속에 침입해 병을 일으킨다고 봅니다. 그래서 바이러스와 병균을 없애는 것이 서양 의학의 치료 원리이지요.

반면 한의학은 사람의 기운이 약하면 몸을 아프게 하는 나쁜 기운을 막지 못해서 병이 생긴다고 생각합니다. 기운이 강하면 몸속에 병균이 생기더라도 몸이 그 병균에 저항할 수 있기 때문에 병들지 않는다는 것이지요. 그러나 기운이 약하면 저항 능력이 떨어지므로 아주 적은 병균으로도 몸에 병이 든다고 봅니다. 그래서 한의학의 치료 원리는 병균을 없애는 것이 아니라 그 병균에 대항할 기운을 채워 주는 것입니다.

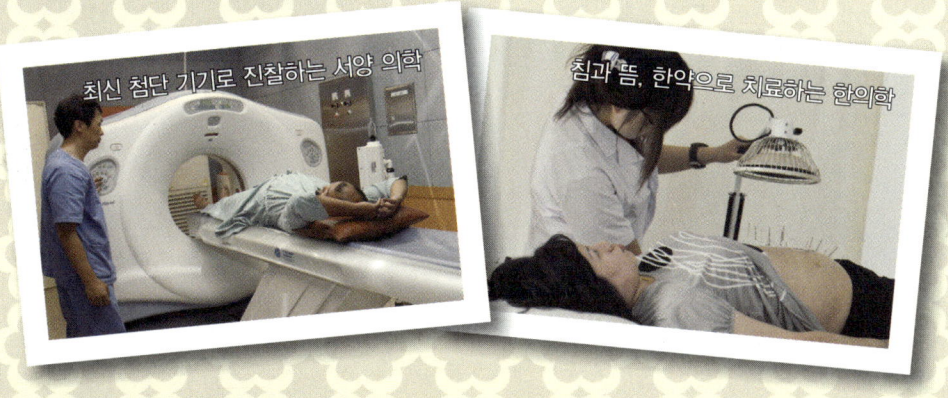

최신 첨단 기기로 진찰하는 서양 의학

침과 뜸, 한약으로 치료하는 한의학

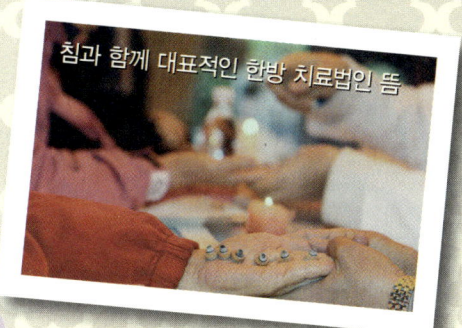
침과 함께 대표적인 한방 치료법인 뜸

한방 치료법의 종류

한의학에서는 환자의 몸 상태에 따라 다양한 치료 방법을 씁니다. 그중 대표적인 치료법에 대해 알아보아요.

- **침술** : 바늘처럼 가늘고 긴 도구를 이용해 피부를 자극하거나 얕게 찔러서 기를 잘 통하게 하는 치료법입니다. 발목이 삐었을 때 그 부위에 침을 놓아 치료하기도 하지만, 경혈이 지나가는 자리에 침을 놓아서 몸속의 장기로 자극을 전달하기도 합니다. 경혈은 몸의 기운이 지나가는 중요한 자리를 말해요. 이 부위에 침, 뜸 등으로 자극을 주면 기가 원활하게 돌기 때문에 환자의 통증을 치료할 수 있습니다.

- **뜸** : 뜸은 약재로 쓰는 쑥에 불을 붙여 피부 위에 올리거나 쑥을 태운 온기를 쐬게 해서 따뜻한 자극을 주는 치료 방법입니다.

- **추나요법** : 추나요법은 손가락과 손바닥으로 환자의 몸에 힘을 가해서 관절, 골격 등 환자의 특정 부위를 교정하는 치료법입니다. 컴퓨터를 오래 사용하거나 자세가 바르지 않은 사람에게 많이 쓰입니다.

- **약침 요법** : 기존의 침술에 한약을 더한 치료 방법으로 경혈에 한약을 직접 주입하는 치료법입니다.

직업 일기
한의사의 하루

얼마 전 20대 여성이 음료수 박스를 들고 한의원을 찾아왔다. 얼굴이 눈에 익어 곰곰이 생각해 봤더니 여드름 치료를 하기 위해 찾아왔던 환자였다.

"잘 지냈나요? 피부가 훨씬 더 좋아졌군요."

"다 선생님 덕분이에요."

이 환자는 심한 여드름 때문에 몇 년을 고생했다. 피부과를 다녀도 그때뿐이고 시간이 흐르면 다시 여드름이 생기곤 했다. 그러다 한의원에 가 보라는 사촌의 말을 듣고 마지막으로 한의원을 찾았다고 한다.

"한의원은 다리를 삐었을 때나 한약을 지을 때만 오는 곳이라고 생각했는데……. 이런 치료도 하는 줄 몰랐어요."

이 환자뿐 아니라 많은 사람이 그렇게 생각한다. 하지만 한의원에서도 병원에서 하는 진료를 하고 있다. 오래 끌거나 잘 낫지 않는 병으로 고생하던 환자가 한의원에서 치료받고 완쾌되는 경우도 적지 않다. 서양 의학보다 한의학이 뛰어나다는 이야기는 아니다. 서로 강점을 가진 분야가 다

 르기 때문에 서양 의학의 부족한 부분을 한의학이 채울 수도 있다는 이야기이다.
 이런 성과가 있지만 종종 젊은 층 가운데 한의학에 고정 관념을 가진 사람이 있다. 이 환자도 그랬다. 한의학은 몸 안의 문제를 해결해서 몸 밖으로 나오는 증상을 없애기 때문에 치료 과정이 길다. 이 환자도 여드름이 단번에 줄어들지 않자 불안해했다. 그러다 한의원을 다닌 지 3개월쯤이 지나자 조금씩 차도를 보이기 시작했다. 울긋불긋하던 피부색이 많이 좋아졌고, 평소 소화가 잘 안 되어 속이 불편했는데 이제 속도 편안해졌다는 것이다. 이후 꾸준히 치료해서 약간의 흉터는 남았지만 처음 한의원을 찾았을 때의 얼굴이 생각나지 않을 정도로 피부가 깨끗해졌다. 오랫동안 고생해서 치료가 끝나면 가끔 이렇게 감사 인사를 하러 오는 환자가 있다. 이런 보람을 느낄 수 있어서 나는 오늘도 열심히 환자를 치료한다.

Step 5

한의사의
좋은 점 vs 힘든 점

좋은 점 : 오랫동안 전문가로 활동할 수 있어요!

　한의사는 정년이 없는 평생 직업입니다. 그래서 다른 직업에 비해 더 오랫동안 전문가로 활동할 수 있어요. 게다가 침술이나 뜸 등의 치료법에 숙련될수록 직업 활동에 유리하며, 다양한 환자를 만나서 치료할수록 능력을 더 키울 수 있습니다. 따라서 오래 일할수록 더 유리한 경력으로 직업 활동을 할 수 있습니다. 그 밖에도 요즘 한의학은 미국과 유럽 등 외국에서 주목받는 분야이므로 전망이 밝은 편이라는 장점이 있습니다.

- 보기를 보고 정답을 맞혀 보세요.

한의사는 다른 직업에 비해 더 오랫동안 전문가로 일할 수 있다는 좋은 점이 있습니다. 그렇다면 힘든 점은 무엇일까요?
① 하루 종일 서 있어서 체력적으로 힘들다.
② 환자에게 치료 방법을 이해시키기가 힘들다.
③ 일하는 시간이 일정하지 않아서 생활이 불규칙하다.

힘든 점 : 환자에게 치료 방법을 이해시키기가 힘들어요!

한의사는 기침하는 환자에게 기침이 멎도록 폐가 튼튼해지는 약을 주고, 배가 자주 아픈 사람에게는 소화 기관이 튼튼해지도록 침을 놓거나 뜸을 뜹니다. 당장 눈에 보이는 증상을 치료하기보다는 그 증상의 원인을 없애 주므로 치료 과정이 길 수 있습니다. 하지만 환자들은 어서 낫고 싶다는 마음이 앞서서 이런 과정을 받아들이지 않을 때도 있습니다. 조급하게 치료의 효과가 없다고 오해하기도 하지요. 따라서 한의사는 환자가 한의학의 치료 과정을 받아들이도록 더욱 노력해야 합니다.

Step 6

한의사는 어떤 능력이 필요할까?

학습 능력

아픈 환자를 치료하기 위해서는 병의 다양한 증상과 치료 방법을 잘 알아야 합니다. 환자를 진단하고 치료 방법을 결정하는 과정에서 실수를 하면 환자의 건강을 해칠 수 있어요. 그러므로 조금이라도 실수하지 않기 위해 많은 양의 한의학 지식을 쌓아야 합니다. 한의사가 된 뒤에도 새로 바뀐 한의학 지식을 꾸준히 공부해야 해요.

예민한 감각

한의사는 환자의 상태를 진단하기 위해 맥박을 확인해야 합니다. 그리고 진단 결과에 따라 경혈 자리를 찾아서 정확히 침을 놓거나 추나요법 등으로 치료합니다. 이처럼 한의사는 환자의 아픈 곳을 찾고, 그 부위를 낫게 하는 데 모두 손을 이용합니다. 따라서 한의사에게는 예민한 손 감각이 매우 중요합니다.

돌발퀴즈

- 알맞은 답을 고르세요.

한의사 일을 하는 데 다음 중 어떠한 능력이 가장 필요할까요?

① 외국어 능력　　　　② 창의력　　　　③ 의사소통 능력

의사소통 능력

　환자가 왜 아픈지를 알아내려면 환자에게 질병과 관련된 사항을 물어봐야 합니다. 증상이 어떤지, 이전에는 어떻게 치료했는지는 물론 생활 습관, 과거에 앓았던 병, 가족 중에 비슷한 병을 앓은 사람은 없는지 등을 알아야 제대로 치료할 수 있기 때문입니다. 그러므로 환자에게서 이런 이야기를 끌어내는 의사소통 능력이 필요합니다.

책임감

　생명을 다루는 일을 하기 때문에 기본적으로 환자의 건강에 책임감을 느껴야 합니다. 더불어 한의사는 긴 진료 과정 동안 환자가 치료를 포기하지 않도록 격려해야 하므로 더욱더 책임감을 느끼고 일해야 합니다.

Step 7 한의사가 되기 위한 과정은?

중·고등학교

일반이나 자율 고등학교에 진학해 과학을 열심히 공부하면 좋습니다. 또한 한의학의 근본이 되는 동양 철학을 이해하는 것도 중요하므로 한문 공부를 열심히 하고, 도덕이나 윤리에서 다루는 동양 철학을 관심 있게 보는 것이 좋습니다.

대학교

한의사가 되려면 한의사 국가 고시를 봐야 하는데 이 시험은 한의과 대학 또는 한의학 전문 대학원을 졸업해야 응시할 수 있습니다. 한의과 대학에서는 의과 대학이나 치과 대학과 마찬가지로 한의학 공부를 하는 데 필요한 과정을 배우는 예과 2년, 본격적으로 한의학을 배우는 본과 4년, 총 6년을 공부해야 합니다.

졸업 후

한의사가 되기 위해서는 한의사 국가 고시에 응시해야 합니다. 시험에 합격해서 면허를 취득하면 한의원을 개업할 수 있습니다.

관련 자격증

한의사 자격증

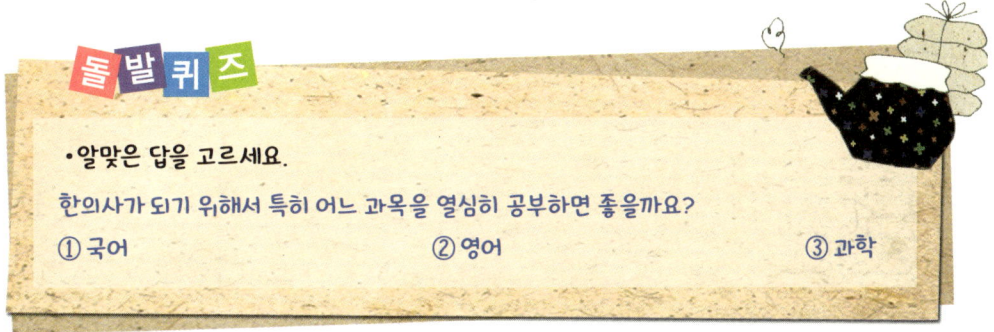

돌발퀴즈

- 알맞은 답을 고르세요.
한의사가 되기 위해서 특히 어느 과목을 열심히 공부하면 좋을까요?
① 국어　　　　② 영어　　　　③ 과학

직업 사전, 적합도 평가

한의사라는 직업이 나와 얼마나 어울릴까?

❖ ( ) 안에 돌발퀴즈의 답을 적어 넣으면 직업 사전이 완성됩니다.

한의사	직업 사전	직업 적합도		
		항목	평가	점수
정의	( )는 침술 같은 한방 의료로 사람들의 병을 고쳐 줍니다. 또한 몸의 기운을 북돋아 주는 한약으로 병을 예방해 줍니다.	한의사라는 직업 자체에 얼마나 흥미가 있나요?	☆☆☆☆☆	/ 5
하는 일	한의사는 관찰, 진맥, 상담을 통해 환자의 몸 상태를 ( )하고, 적절한 치료 방법을 시행합니다. 더불어 새로운 치료법을 꾸준히 공부하는 것 역시 한의사의 중요한 업무입니다.	한의사가 하는 일에 얼마나 흥미가 있나요?	☆☆☆☆☆	/ 5
장단점	한의사는 다른 직업에 비해 더 오랫동안 전문가로 일할 수 있다는 장점이 있습니다. 하지만 환자에게 ( )을 이해시키기 힘들다는 단점이 있습니다.	장점과 단점을 모두 고려할 때 한의사라는 직업에 얼마나 관심이 있나요?	☆☆☆☆☆	/ 5
필요 능력	한의사가 되려면 학습 능력, 예민한 손 감각, ( ) 능력, 책임감이 필요합니다.	한의사가 되기 위해 필요한 능력을 얼마나 갖추고 있나요?	☆☆☆☆☆	/ 5
되는 방법	한의사가 되려면 ( ) 과목을 열심히 공부하면 좋습니다. 한문과 동양 철학에 대한 지식을 쌓는 것도 좋습니다.	한의사가 되기 위한 공부를 하는 데 얼마나 관심이 있나요?	☆☆☆☆☆	/ 5

한의사 적합도(총점) :   / 25

직업 적합도 평가 방법

❶ 직업 사전의 항목을 꼼꼼히 읽어 보세요.

❷ 직업 적합도 항목을 읽고 해당하는 만큼 별표를 색칠해 주세요.

　　0개 : 전혀 없음　　　1개 : 거의 없음　　　2개 : 조금 있음

　　3개 : 보통　　　　　4개 : 많음　　　　　5개 : 아주 많음

❸ 별 1개당 1점으로 계산하여 점수를 적어 넣으세요.

❹ 평가 기준(총점)

총점	적합도	목표 직업으로 삼을 경우 고려할 점
21~25	매우 높음	직업 적합도가 매우 높습니다. 이 직업을 목표로 삼고 필요한 능력을 꾸준히 개발하도록 합니다.
16~20	높음	직업 적합도가 높습니다. 적합도 점수가 낮은 부분을 중심으로 보완하도록 합니다.
11~15	보통	직업 적합도가 보통입니다. 꾸준히 관심을 가지고 이 직업에 대해 알아보도록 합니다.
0~10	낮음	직업 적합도가 낮습니다. 해당 직업과 함께 다른 직업의 정보도 함께 알아보도록 합니다.

교사와 학부모를 위한 가이드
적성 & 진로 지도

Step 8

이렇게 지도하세요

　한의사가 되려면 과학 등의 이과 과목을 좋아해야 하며 사람과 철학 등 인문학에도 관심을 두어야 합니다. 이는 한의과 대학의 학생 선발 과정에서도 확인할 수 있습니다. 한의과 대학에서 학생을 선발하는 입시 요강을 살펴보면 인문계열 학생도 지원이 가능하도록 하거나, 자연 계열과 인문 계열을 분리해 인문계열 학생만 지원할 수 있는 전형이 따로 있습니다. 이처럼 인문 계열 학생의 지원이 가능하도록 한 이유는 인문 계열에서 배우는 학습 내용이 한의과 대학에서 공부하는 데 필요하기 때문입니다.

　한의과 대학의 교육 과정에서도 이러한 사항을 확인할 수 있습니다. 한의과 대학에서는 의과 대학에서 공부하는 일반 생물, 화학, 해부학, 생리학, 의학, 영어 등과 함께 한의학 원론, 의학 한문, 본초학, 경혈학 등 한의과 대학의 특색이 반영된 교육 과정을 운영합니다. 이 과목들을 공부할 때 꼭 필요한 것이 한문과 동양 철학에 대한 이해입니다. 한의학 서적은 대부분 한문으로 쓰여 있기 때문에 한의과 대학에서는 한문을 능숙하게 읽고 쓸 줄 알아야 합니다. 또한

학습 설계(중점 과목)	
구분 I	구분 II
국어, 영어, **수학**	사회, **과학**, 예체능

활동 설계(관련 활동)	
동 아 리	화학·생물 연구반, 실험반, 봉사 동아리
독 서	《소설 동의보감》《유쾌한 인체 탐험》《내몸 사용설명서》《자연과학의 세계》《과학으로 수학보기, 수학으로 과학보기》
기 타	의료 봉사 활동

학교에 따라서 주역과 같은 동양 철학 과목을 개설해 한문에 대한 해석 능력과 한의학에 대한 근본 철학을 공부하도록 하고 있습니다.

꼭 알아 두세요

한의사는 사회적 안정과 큰 보람을 가질 수 있는 직업입니다. 하지만 단순히 좋은 점만 보고 한의사라는 직업을 꿈꾼다면 정작 한의사가 되었을 때 만족도가 떨어질 수 있습니다. 부모님 세대와는 달리 자녀가 사회에 진출할 때는 전문직이라고 해서 반드시 안정성을 보장하지는 않습니다. 따라서 생물 및 한의학에 대한 관심, 다른 사람을 생각하는 마음, 스트레스를 이길 수 있는 능력 등 한의사에게 필요한 다양한 역량을 고려해서 자녀가 직업을 선택하도록 도와주세요.

교사와 학부모를 위한 가이드
직업 체험 활동

허준박물관 방문

서울시 강서구에 위치한 허준박물관은 허준과 한의학에 대한 자료를 전시하고 있습니다. 《동의보감》의 저자인 허준에 대한 전시물뿐 아니라 조선 시대의 약재, 한약, 한의원도 체험할 수 있습니다. 야외에는 약초 공원이 있으며, 허준이 《동의보감》을 집필한 장소라고 알려진 허가바위도 있으니 한의사를 꿈꾸는 자녀와 함께 방문하면 자녀의 꿈을 키우는 데 도움이 될 것입니다.

약령시 한의약박물관 관람

조선 시대에는 한약재를 전문적으로 다루는 시장을 약령시라고 불렀습니다. 약령시 한의약박물관은 한약재와 한의학에 대해 배울 수 있는 곳으로, 서울과 대구에서 운영되고 있습니다. 어린이는 약 갈기, 약첩 싸기 등을 체험할 수 있으며 어른은 사상 체질, 혈압과 혈압 나이 측정 등의 다양한 체험을 할 수 있습니다.

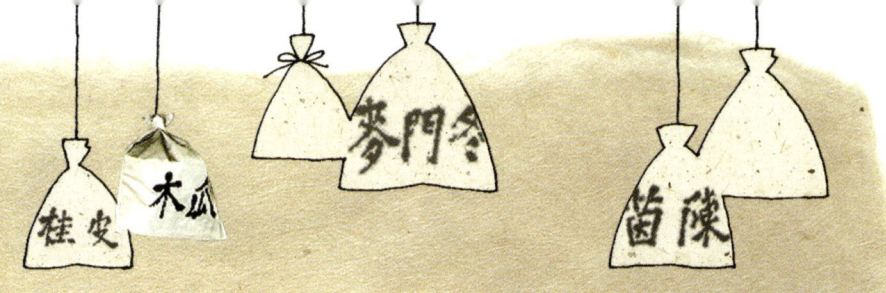

한국잡월드 한의원 체험

한국잡월드의 청소년체험관에서는 한의원 체험실을 운영하고 있습니다. 이곳에서는 전통적인 약재와 침 치료에 대해 알아볼 수 있습니다. 또 한의사처럼 가운을 입고서 약재를 손질하거나 환자에게 침을 놓는 체험을 통해 한의사가 하는 일을 직접 경험해 볼 수 있습니다.

추천 사이트

서울약령시 한의약박물관　http://museum.ddm.go.kr
대구약령시 한의약박물관　http://dgom.daegu.go.kr
허준박물관　http://www.heojun.seoul.kr
대한한의사협회　http://www.akom.org
한국한의학연구원　http://www.kiom.re.kr

돌발퀴즈 정답

약사

23쪽_ 약사 27쪽_ 복약 지도
33쪽_ ❷번 35쪽_ ❷번
37쪽_ ❸번
38쪽(직업 사전)_ 약사, 복약 지도, 평생 직업, 정교함, 과학

한의사

51쪽_ 한의사 55쪽_ 진단
61쪽_ ❷번 63쪽_ ❸번
65쪽_ ❸번
66쪽(직업 사전)_ 한의사, 진단, 치료 방법, 의사소통, 과학

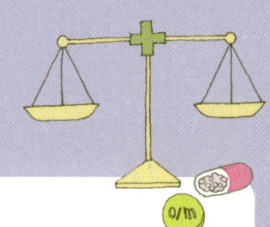

사진 자료

이성현 19p(우리 주변에서 쉽게 찾아볼 수 있는 약국), 19p(복약 지도를 하는 약사)

연합신문 19p(처방전을 검토하고 그에 따라 약을 짓는 약사), 28p(약학 대학의 바뀐 제도에 대해 설명을 듣는 사람들), 56p(최신 첨단 기기로 진찰하는 서양 의학), 56p(침과 뜸, 한약으로 치료하는 한의학), 57p(침과 함께 대표적인 한방 치료법인 뜸)

플리커(JPC24M) 29p(막자사발과 막자)

플리커(gomesmam) 47p(한의학의 치료법 중 하나인 침술)

한의신문 47p(진료를 하고 있는 한의사)

경희대학교 한의과 대학 47p(학생들에게 침을 놓거나 뜸을 뜨는 부위를 설명하는 한의학 교수)